O.W. BARTH

JOSEPH NGUYEN

HÖR AUF, DIR SELBST IM WEG ZU STEHEN

Grenzen setzen, ohne sich schuldig zu fühlen

JOSEPH NGUYEN

HÖR AUF, DIR SELBST IM WEG ZU STEHEN

Grenzen setzen, ohne sich schuldig zu fühlen

Aus dem amerikanischen Englisch von
Bernhard Kleinschmidt

O.W. BARTH

Die amerikanische Originalausgabe »Boundaries = Freedom« erschien 2024, veröffentlicht von Joseph Nguyen, Florida, USA.

Besuchen Sie uns im Internet:
www.ow-barth.de

MIX
Papier | Fördert gute Waldnutzung
FSC® C014496

Deutsche Erstausgabe September 2024

Redaktion: Martina Darga
Covergestaltung: Verena Metz | veridesigned nach einer Vorlage von Pure Intuition LLC
Abbildungen Cover und Innenteil: Verena Metz | veridesigned nach einer Vorlage von Pure Intuition LLC
Satz und Layout: Adobe InDesign im Verlag
Druck und Bindung: GGP Media GmbH, Pößneck
ISBN 978-3-426-65940-3

Kontaktadresse nach EU-Produktsicherheitsverordnung:
produktsicherheit@droemer-knaur.de

5 4 3 2

Für alle, die auf der Reise sind,
sich selbst wiederzufinden

Inhalt

*»Hab ein Herz, das
weich genug ist,
Liebe und Mitgefühl
zu schenken,
und zugleich weise
genug, Grenzen
zu kennen.«*

Kayil Crow

Einleitung

Dieses Buch hilft Ihnen, mehr Frieden, Erfüllung und Freude zu finden.

Alles entsteht aus dem Nichts. Damit etwas neu erschaffen werden kann, muss zuerst Raum vorhanden sein. Dasselbe gilt für unser Leben.

Um neue Erfahrungen zu machen, die uns verwandeln, müssen wir erst Raum für die Möglichkeit schaffen, dass sie sich ereignen.

Wo bereits eine Blume wächst, können wir keinen neuen Samen pflanzen.

Raum schaffen wir, indem wir Grenzen setzen. Wo Grenzen vorhanden sind, da herrscht Frieden.

Alle Möglichkeiten, darunter ein Leben, das wir lieben, existieren in dem Raum, den wir in unserem Innern schaffen.

Wie alle meine Schriften ist auch dieses

Buch knapp und einfach gehalten. Geschrieben habe ich es mit der Absicht, mit möglichst wenig Worten die Weisheit in Ihnen wachzurufen.

Missverstehen Sie seine Kürze nicht als Mangel an Wirksamkeit.

Damit Ihr Leben sich ändert, bedarf es nur einer Idee, eines Gedankens, einer Einsicht.

Die Worte in diesem Buch sind nicht die Wahrheit an sich, helfen Ihnen jedoch dabei, *Ihre* Wahrheit zu entdecken.

Wissen liefert uns Informationen. Die Wahrheit verwandelt uns. Streben Sie nicht nach Informationen, sondern danach, *verwandelt* zu werden.

1

Ein Leben ohne Grenzen

*»Um zu wagen,
Grenzen zu setzen,
brauchen wir den
Mut, uns selbst zu
lieben, auch wenn wir
dabei riskieren,
andere zu
enttäuschen.«*

Brené Brown

Sobald wir geboren sind, werden wir augenblicklich in eine Welt geworfen, in der man uns sagt, was wir tun sollten, was wir denken sollten, wie wir uns verhalten sollten, mit wem wir unsere Zeit verbringen sollten, was wir anziehen sollten, welchen Beruf wir ergreifen sollten und was wir glauben sollten.

In Kindheit und Jugend haben wir gelernt, dass wir auf alle Menschen um uns herum hören sollten. Wenn wir das täten, hat man uns versprochen, würden wir ein freudvolles, friedliches und erfüllendes Leben haben, das von Liebe durchdrungen sei – aber wie viele von uns fühlen sich tatsächlich so?

Die Menschen in unserem Umkreis meinen es höchstwahrscheinlich gut. Sie tun mit dem, was sie wissen, einfach ihr Bestes, aber das bedeutet nicht, dass das immer hilfreich wäre.

Wenn wir darauf gehört haben, was andere denken – wie oft hat uns das dazu gebracht, das Leben zu erschaffen, das wir wollen?

Niemand außer Ihnen hat Ihr Leben gelebt und dieselben Erfahrungen gemacht wie Sie, niemand denkt und fühlt wie Sie. Wie kann jemand anders dann wohl besser wissen als Sie, was Sie wollen?

Wir suchen ständig Rat und Antworten bei allen anderen statt bei uns selbst.

Wir rennen in Teufelskreisen durch die Welt und überfordern uns ständig in der Hoffnung, endlich Anerkennung durch andere zu bekommen, obwohl wir uns nichts anderes wünschen, als uns selbst Anerkennung zu schenken.

Trotzdem fragen wir uns, warum wir uns überarbeitet, gestresst, beklommen und unerfüllt fühlen, wo wir doch angeblich »alles richtig machen« – jedenfalls nach den Maßstäben von allen anderen.

So fühlt es sich an, ein Leben ohne Grenzen zu leben.

Die Gesellschaft vermittelt uns ständig, wir sollten entgegenkommend sein, das Wohl von anderen über unser eigenes stellen und unsere Bedürfnisse für andere opfern. Das ist jedoch eine Form von Selbstbetrug. Wenn wir unsere Bedürfnisse vernachlässigen, indem wir keine Grenzen haben, verlieren wir den Kontakt zu unserem inneren Selbst und werden von unserer Wahrheit so stark abgespalten, dass wir nicht mehr wissen, wer wir sind.

Indem wir ständig zu allen anderen Menschen Ja sagen, sagen wir ungewollt Nein zu uns selbst.

Ein Leben voll Liebe, Glück und Erfüllung zu erschaffen, fängt damit an, zu uns selbst Ja zu sagen und Nein zu Dingen, die uns diese Gefühle nicht mehr vermitteln.

Es geht nicht darum, ins andere Extrem zu fallen und zu anderen immer nur Nein zu sagen. Vielmehr stellen wir unser Gleichgewicht wieder her, indem wir uns zugestehen, zu uns selbst ebenso oft Ja zu sagen wie zu anderen, weil wir begreifen, dass wir genauso wichtig sind wie jene.

Unser Frieden kommt aus unserem Innern. Niemand als Sie selbst kann ihn Ihnen schenken.

Ohne Grenzen ist kein Raum für das da, was Sie in Ihrem Leben wollen.

Ein Leben zu erschaffen, das Sie lieben, fängt damit an, dass Sie sich Ihr Leben zurückholen. Das tun Sie, indem Sie Grenzen setzen, um Raum für das zu schaffen, was Sie lebendig macht und Ihnen Freude schenkt.

»Lieben Sie sich genug, um Grenzen zu setzen! Ihre Zeit und Energie sind wertvoll, weshalb Sie selbst entscheiden dürfen, wie Sie diese Dinge einsetzen. Wie wir behandelt werden wollen, bringen wir anderen Menschen bei, indem wir entscheiden, was wir akzeptieren und was nicht.«

Anna Taylor

2

Die Schuldgefühle loslassen, wenn man Nein sagt

Sobald Sie erkennen, dass Sie von niemand die Erlaubnis brauchen, ein Leben voll Frieden und Freude zu wählen, sind Sie frei.

Aufgrund unserer Konditionierung konzentrieren wir uns hauptsächlich auf die Außenwelt. In Kindheit und Jugend hat man uns beigebracht zu glauben, was andere Leute über uns denken, sei wichtiger als das, was wir über uns selbst denken. Daher läuft ein großer Teil unseres Verhaltens und Handelns darauf hinaus, uns den Beifall anderer zu verdienen.

Wenn wir uns so verhalten, ist unsere Aufmerksamkeit hauptsächlich auf die Außenwelt gerichtet, und das gilt auch für unsere Energie. Wenn Sie sich erschöpft, ausgelaugt und schwunglos fühlen, liegt das daran, dass der Großteil Ihrer Energie auf die Außenwelt konzentriert ist, wodurch nur sehr wenig Energie in Ihrem Innern bleibt.

»Die Energie strömt dorthin, wohin die Aufmerksamkeit sich richtet. Und wo Energie fließt, vermehrt sich das, worauf wir uns konzentrieren.«

Tony Robbins

Wenn wir keine Grenzen haben, richten sich unsere Aufmerksamkeit und unsere Energie ständig auf alles, was außerhalb von uns ist. Jedes Mal, wenn wir Ja zu etwas sagen, was nicht zu uns passt und uns kein Gefühl von Weite vermittelt, sagen wir Nein zu unserer Freude.

Wenn Sie wieder Frieden, Liebe, Inspiration, Kreativität und Glück in Ihr Leben bringen wollen, müssen Sie damit anfangen, Grenzen zu setzen, damit Ihre Energie in Ihrem Innern bleibt.

Verwechseln Sie das nicht mit Egoismus.

Grenzen zu setzen, ist kein egoistischer Akt, durch den Sie Ihre Bedürfnisse über die von anderen stellen, sondern ein Akt der achtsamen Liebe, mit dem Sie anerkennen, dass Ihre Bedürfnisse genauso wichtig sind wie jene Ihrer Umgebung.

Es ist ein mutiger Akt, der es Ihnen möglich macht, Raum für sich selbst zu schaffen und Ihrem mentalen, körperlichen, emotionalen und spirituellen Wohlbefinden den Vorrang einzuräumen. Damit ist es etwas, wovor die meisten Menschen zu viel Angst haben.

Grenzen gehören dazu, wenn Sie sich um sich selbst kümmern, sich Respekt erweisen und Ihre Bedürfnisse erfüllen wollen, ohne die Menschen in Ihrem Umfeld zu vernachlässigen. Indem Sie Grenzen setzen, üben Sie sich in Selbstliebe und schaffen einen Raum, in dem Sie wachsen und gedeihen können.

Der Welt helfen Sie am besten, indem Sie zuerst sich selbst helfen, und nicht, indem Sie sich aufopfern.

Eine anschwellende Woge hebt alle Schiffe in die Höhe. Sie sind die Woge, die alle anderen hochheben kann, wenn Sie Ihren eigenen Frieden in den Vordergrund stellen.

Wir können nur verschenken, was wir haben. Wenn wir für andere also alles aufopfern, auch unseren Frieden und unsere Freude, was haben wir dann noch zu bieten? Helfen wir wirklich irgendjemand, wenn wir das tun?

Tun wir anderen Menschen nicht einen besseren Dienst, wenn wir selbst voll Frieden, Liebe und Freude sind?

Wenn wir uns in einem solchen Zustand

der Weite befinden, wird schon unsere Anwesenheit zu einem Akt des Dienens.

Unser Zustand hat mit unserer Energie zu tun, und Energie wirkt ansteckend. Die Menschen um uns herum können den Zustand, in dem wir sind, einfach durch die Emotion (als Energie in Bewegung) spüren, die wir ausstrahlen.

Inspiriert werden andere Menschen nicht durch das, was wir sagen oder tun, sondern dadurch, welches *Gefühl* wir ihnen vermitteln.

Indem wir uns schenken, was wir brauchen, und unseren Frieden in den Vordergrund stellen, holen wir uns nicht nur unser Leben zurück, sondern fangen auch an, wahrhaft zu leben und uns lebendig zu fühlen. Der Zustand der Weite, den wir dadurch erfahren, hat positive Auswirkungen auf jeden anderen Bereich unseres Lebens und auf unser Umfeld.

Wir können andere Menschen nicht ändern, aber wenn wir Ja zu uns und zu dem sagen, was uns Frieden schenkt, regen wir andere an, sich ebenfalls so zu verhalten.

Wirksam die Welt verwandeln können wir nicht, indem wir anderen sagen, wie man das tut, oder etwas für diese anderen tun, sondern indem wir diese Veränderung so kompromisslos verkörpern, dass sie unmöglich ignoriert werden kann.

Grenzen zu setzen, ist kein egoistischer Akt, durch den Sie Ihre Bedürfnisse über die von anderen stellen, sondern ein Akt der achtsamen Liebe, mit dem Sie anerkennen, dass Ihre Bedürfnisse genauso wichtig sind wie jene Ihrer Umgebung.

3

Wie Grenzen Raum für das schaffen, was Sie wollen

Grenzen entstehen, wenn wir Nein zu dem sagen, was uns Energie raubt und nicht mehr guttut. Indem wir Nein sagen, schaffen wir Raum.

Damit etwas neu entstehen kann, muss zuerst Raum vorhanden sein. Einen Becher, der bereits voll ist, kann man nicht füllen. Wir müssen unseren Becher also erst einmal leeren, wenn wir wollen, dass etwas Neues in unser Leben tritt.

Grenzen sind das Instrument, mit dem wir Raum für neue Möglichkeiten schaffen können.

Die Natur hat faszinierende Eigenschaften. Immer wenn eine Leerstelle oder ein Vakuum (und damit Raum) entsteht, neigt sie dazu, diesen Raum schnell mit irgendetwas zu füllen. Daher müssen Sie sich nicht besonders anstrengen, Ihr Leben mit schönen Dingen und Gefühlen zu erfüllen, weil das Universum naturgemäß den Raum füllt, den wir in unserem Leben schaffen.

Ein Beispiel: Wenn Sie einen freien Tag hatten, wann haben Sie ihn dann das letzte Mal damit verbracht, nichts zu tun? Immer wenn Sie einen freien Tag haben, kommt etwas des Wegs, um ihn zu füllen, und bestimmt mussten Sie sich bisher keine besondere Mühe geben, das zu tun. Das liegt daran, dass die Natur am Werk ist und kontinuierlich jeden Raum füllt, der entstanden ist.

Grenzen zu setzen, fungiert wie ein Filter, der alles abhält, was uns keine Energie und Freude mehr im Leben bringt. Unsere Aufgabe ist es daher nicht, positive Dinge zu erzwingen, sondern durch Grenzen genügend Raum zu schaffen. Dadurch ermöglichen wir es den neuen Erfahrungen, die wir machen wollen, auf ganz natürliche Weise in unser Leben zu treten.

Vergleichen kann man das damit, in einem Fluss zu fischen. Wir müssen uns nicht anstrengen, den Fluss in Bewegung zu versetzen. Er bewegt sich bekanntlich von selbst, aber wir brauchen das richtige Netz, um das zu fangen, was wir haben wollen. Grenzen sind das Netz, das wir auswerfen, um fangen zu können, was unser Herz erfreut, und um herauszufiltern, was uns im Fluss des Lebens nicht mehr guttut.

Die meisten Menschen haben nicht einmal ein Netz im Fluss liegen; sie erwarten, dass der Fluss das, was sie wollen, von selbst ans Ufer wirft. Das Problem ist daher nicht der Fluss, sondern die Art und Weise, wie wir mit ihm zusammenwirken.

Grenzen sind das Netz, das wir auswerfen, um fangen zu können, was unser Herz erfreut, und um herauszufiltern, was uns im Fluss des Lebens nicht mehr guttut.

4

Übung: Wie man Grenzen setzt

Ich werde mich nicht mehr schuldig fühlen, wenn ich Nein sage, um meinem Körper, meinem Kopf und meinem Herzen das zu schenken, was ich brauche.

Nehmen Sie intensiv wahr, wohin die Energie in Ihrem Leben strömt. Was fühlt sich schwer an? Was laugt Sie aus? Was führt dazu, dass Sie sich erschöpft fühlen? Wie würden Sie sich fühlen, wenn Sie die Dinge, die Ihnen solche Empfindungen verschaffen, nicht mehr tun müssten? Antworten Sie so konkret, wie Sie können. Je konkreter Sie sind, desto stärker werden die Wirkungen der entstehenden Grenzen sein.

Selbstständigkeit entsteht durch Grenzen. Es liegt in Ihrer Macht, jene Grenzen zu setzen, die Ihre Energie schützen. Jede Grenze, die Sie setzen, ist ein Akt der Selbstbefreiung.

Ihr Frieden ist nichts, worum Sie kämpfen müssten, sondern etwas, was Sie bereits besitzen und schützen müssen. Wenn wir ständig Ja zu Dingen sagen, die uns nicht guttun, entscheiden wir uns, unseren Frieden zu verschenken.

Erstellen Sie eine Liste mit allem, was Ihre

Energie erschöpft oder Sie Ihres Friedens beraubt.

Schaffen Sie dann eine Grenze in Form eines Statements. Wenn Sie in Zukunft auf eine Situation stoßen, in der Sie sich entscheiden müssen, was Sie tun, haben Sie bereits den Entschluss gefasst, Ihren Frieden zu beschützen.

Es ist hilfreich, einen Grund hinzuzufügen, weshalb Sie diese Grenze setzen. Dieser Grund besteht in den Folgen, mit denen Sie konfrontiert werden, wenn Sie die betreffende Grenze *nicht* setzen – weil Schmerz uns stärker motiviert als etwas Angenehmes.

Notieren Sie, was Ihnen als Erstes in den Sinn kommt, und denken Sie nicht darüber nach. Folgen Sie Ihrer Intuition.

Einige Beispiele für Statements, mit denen man Grenzen setzt:

- Ich werde X nicht mehr essen/trinken, weil es mich bedrückt und müde macht und mich dazu bringt, Entscheidungen zu treffen, die mir und/oder den Menschen in meiner Umgebung nicht guttun.
- Ich werde Medien wie X nicht mehr konsumieren, weil sie mir das Gefühl vermitteln, ich wäre unzulänglich.
- Ich werde mich keinen negativen Selbstgesprächen mehr hingeben, weil mir das meinen Frieden und meine Freude raubt.
- Ich werde mich nicht mehr in negativen Umgebungen aufhalten, wo Leute mich beurteilen, kritisieren oder über mich und andere tratschen. Wenn ich in eine solche Umgebung gerate, werde ich sie verlassen.

- Ich werde mich nicht mehr schuldig fühlen, wenn ich Nein sage, um meinem Körper, meinem Kopf und meinem Herzen das zu schenken, was ich brauche.

Kleine Gebrauchsanweisung für Statements zu Ihren eigenen Grenzen:

- Ich werde ________________ nicht mehr tun, weil es mich ________________ macht.
- Ich werde *(Verhalten, mit dem Sie aufhören wollen)* aufgeben, weil es mich dazu bringt, *(Folgen des Verhaltens).*
- Sobald Sie mehrere Statements zu Grenzen notiert haben, identifizieren Sie, welche Folgen am gravierendsten und schmerzhaftesten sind.
- Wählen Sie dann eine Grenze, die den größten Einfluss auf Ihr Leben haben wird, wenn Sie sie umsetzen.

- Um maximale Wirksamkeit zu erzielen und die größte Erfolgschance zu haben, sollten Sie sich einen Monat lang auf diese eine Grenze konzentrieren.

Schreiben Sie die Grenze auf ein Kärtchen und stellen Sie das dann irgendwo deutlich sichtbar auf, damit Sie kontinuierlich daran erinnert werden. Immer wenn Sie auf eine Situation stoßen, in der Sie leiden, können Sie den emotionalen Schmerz dazu nutzen, die Erinnerung an Ihre Grenze auszulösen und alles in Ihrer Macht Stehende zu tun, sie umzusetzen.

Nehmen Sie wahr, wie Sie sich fühlen, wenn Sie Ihre Grenzen setzen, damit Sie sich an den Grund erinnern, weshalb Sie das tun.

Damit eine Grenze Wirkung zeigt, ist es wichtig, die Grundursache dafür zu entdecken, weshalb Sie sich so fühlen, wie Sie es tun. Dass Sie diese Ursache gefunden haben, wissen Sie, wenn Sie mit der geschaffenen Grenze das Problem lösen, vor dem Sie ständig stehen. Kommt das Problem jedoch wieder zum Vorschein, nachdem Sie die Grenze gesetzt haben, so liegt das daran, dass die Grenze nicht an der Grundursache gesetzt wurde, sondern an einem Symptom.

Notieren Sie hier das eine Grenze betreffende Statement, das momentan die größte Wirkung auf Ihr Leben haben wird:

___

___

___

Datum: ___

5

Den eigenen Frieden schützen: anderen die selbst gesetzten Grenzen vermitteln

Sobald Sie Grenzen setzen, werden diese vom Leben einem Stresstest unterzogen. Manche Ihrer Grenzen werden bei anderen Menschen Widerstand auslösen, vor allem, wenn diese ihr Glück davon abhängig gemacht haben, dass Sie etwas für sie oder mit ihnen tun.

Wenn jemand Sie bittet, etwas zu tun, was eine Grenze überschreitet, ist es normalerweise am besten, friedlich Nein zu sagen, ohne das weiter erklären zu müssen. Oft reicht das aus, manchmal jedoch nicht.

Sobald Sie also auf eine Situation stoßen, in der jemand Sie um genauere Erläuterungen bittet, können Sie aus einer liebevollen, empathischen Haltung heraus erklären, welche Grenze Sie gesetzt haben. Sehen Sie das dann so, dass Sie der anderen Person mitteilen, was für Sie wahr ist und weshalb Sie eine solche Grenze für sich schaffen mussten.

Dass Sie mitteilen, weshalb Sie eine Grenze gesetzt haben, bedeutet nicht, dass die eine Person recht hätte und die anderen unrecht. Es geht einfach darum, was Sie momentan brauchen, und das wird sich in Zukunft unweigerlich ändern. Die meisten Menschen werden Verständnis zeigen, wenn Sie ihnen aufrichtig und vom Herzen her erklären, weshalb die betreffende Grenze nötig für Sie ist.

Wie andere Menschen reagieren, wird davon beeinflusst, auf welche Weise wir ihnen etwas mitteilen. Intention, Energie und Emotion hinter dem, was wir sagen, haben eine starke Wirkung darauf, wie die Botschaft empfangen wird. Wenn Sie die Grenze also friedlich und liebevoll erklären, wird das Gespräch darüber meist den Zustand widerspiegeln, in dem Sie das tun.

Natürlich klappt das nicht in jedem einzelnen Fall, und selbst wenn Sie friedlich und liebevoll erklären, weshalb Ihre Grenzen wichtig für Ihr Wohlbefinden sind, werden andere manchmal trotzdem verärgert, frustriert und wütend reagieren.

Falls Sie Ihre Grenzen achtsam und friedlich vermittelt haben und es trotzdem zu einer solchen Reaktion kommt, machen Sie sich bitte klar, dass das mehr mit Ihrem Gegenüber zu tun hat als mit Ihnen.

Anschließend können Sie sich entscheiden, ein Gespräch darüber zu beginnen, weshalb die andere Person so empfindet und was sie verärgert. Haben Sie jedoch den Eindruck, dass momentan nichts, was Sie sagen oder tun, nützen wird, können Sie dieses Gespräch auf einen anderen Zeitpunkt verschieben, wenn sich die Lage für beide Beteiligte etwas beruhigt hat. Wichtig ist in jedem Fall, dass zum Ausdruck kommt, wie beide sich fühlen; das darf weder ignoriert noch unter den Teppich gekehrt werden. In Beziehungen ergeben sich Lösungen nur durch Kommunikation.

Grenzen bringen Veränderungen mit sich,

und unter Umständen brauchen andere Menschen Zeit, das zu akzeptieren. Wenn Sie Ihre Grenzen aber aus Liebe zu sich selbst setzen, wird jede Verstimmung sich rasch legen, weil die anderen erkennen, dass es bei Ihren Grenzen weniger um sie geht als um Sie selbst.

Es kann jedoch auch vorkommen, dass ein zeitlicher und räumlicher Abstand die Dinge nicht ins Reine bringt. Oft spiegelt sich darin die Beziehung oder der Zustand, in dem sich die Grenzen der anderen Person befinden (falls sie überhaupt vorhanden sind). Von Menschen, die sich nicht genug lieben, um Grenzen zu setzen und ihnen Geltung zu verschaffen, können Sie nicht erwarten, dass sie *Ihre* Grenzen begreifen.

Machen Sie sich unbedingt klar, dass Sie keine Kontrolle darüber haben, wie andere auf die von Ihnen gesetzten Grenzen reagieren. Es wird immer Leute geben, die nicht mit Ihren Entscheidungen übereinstimmen, aber schließlich geht es um *Ihr* Leben. Daher liegt es in Ihrer Verantwortung, dieses Leben so zu gestalten, dass es Ihnen Frieden, Liebe und Freude schenkt – selbst wenn andere das nicht verstehen.

Wir sind dafür verantwortlich, möglichst gut zu verstehen, wie andere denken und warum sie so fühlen, wie sie es tun, und ihnen den Raum zu geben, uns mitzuteilen, was sie als wahr empfinden.

In jeder Beziehung wachsen die beiden Beteiligten entweder gemeinsam, oder sie entfernen sich voneinander. Während Sie sich entwickeln, ändern sich Ihre Grenzen, und die Beziehungen, die nicht mehr dazu passen, entwickeln sich eventuell auseinander. Das ist ein natürliches Ergebnis in Beziehungen, in denen die beiden Beteiligten unterschiedliche Richtungen im Leben einschlagen, und es ist wichtig zu begreifen, dass das in Ordnung ist.

Es ist in Ordnung, das, was man einmal

hatte und loslassen musste, wertzuschätzen und zu betrauern. Zugleich muss man jedoch zulassen, dass man sich entwickelt. Wir können immer nur unser Bestes geben, und manchmal reicht das anderen Menschen nicht aus, doch wir müssen den Mut haben zu begreifen, dass unser Bestes ausreicht, Frieden zu finden. Wenn eine Beziehung auf Liebe gegründet ist und Bestand haben soll, wird die andere Person verstehen, dass Ihr Frieden genauso wichtig ist wie ihr eigenes Glück – vorausgesetzt, Sie teilen ihr mit, was Sie brauchen.

»Ein Nein kann andere wütend machen, aber es wird dich befreien. Falls dir das noch niemand gesagt haben sollte – deine Freiheit ist wichtiger als die Wut der anderen.«

Nayyirah Waheed

Frieden finden wir dann, wenn es für uns in Ordnung ist, von anderen missverstanden zu werden.

6

Die Kraft der universellen Anwendung

Wenn wir etwas Neues lernen und dadurch eine Veränderung bewirken, neigen wir dazu, diese Veränderung in einem einzigen Bereich unseres Lebens umzusetzen.

Nehmen wir an, wir haben das Ziel, uns in unserem Körper besser zu fühlen. Während wir uns über eine neue Ernährungsweise informieren, erkennen wir, dass manches, was wir essen, uns lethargisch und bedrückt werden lässt. Daher bemühen wir uns herauszufinden, um welche Nahrungsmittel es sich handelt, und konsumieren sie nicht mehr.

Nach einigen Wochen fühlen wir uns allmählich gesünder und wohler in unserem Körper. Wenn wir die neue Gewohnheit beibehalten, weil wir merken, wie gut sie uns tut, kann sie zu einer lebenslang fortdauernden Verhaltensänderung werden.

Viele Menschen stoppen den Schwung der Selbstverwandlung an diesem Punkt, weil sie ihre ursprüngliche Intention, sich körperlich besser zu fühlen, verwirklicht haben. Dabei erkennen sie nicht, dass sie einen Schritt weitergehen und das, was sie in diesem spezifischen Fall gelernt haben, auch auf andere Lebensbereiche anwenden können.

Jede positive Veränderung enthält ein Prinzip, das auf andere Bereiche unseres Lebens angewendet werden kann. Tun wir das, so setzt sich nicht nur der Schwung der Veränderung fort, er verstärkt auch unsere Bemühungen.

Wenn wir auf bestimmte Nahrungsmittel verzichten und die damit verbundenen positiven Wirkungen auf unsere Stimmungslage erlebt haben, können wir diese Methode dann auch darauf anwenden, was wir in anderen Lebensbereichen konsumieren?

Könnte das, was wir uns in den Kopf stopfen, wohl Auswirkungen darauf haben, wie wir uns fühlen?

Was würde geschehen, wenn wir die Medien, die wir konsumieren, kritisch prüfen und alles eliminieren, was uns Energie raubt oder empfänglicher für negative Emotionen macht?

Das aus unserer geänderten Ernährungsweise gewonnene Prinzip lautet: Alles, was wir konsumieren, beeinflusst uns, auch das, was wir mit dem Kopf aufnehmen.

Der alte Spruch »Wir sind, was wir essen« erhält dadurch eine ganz neue Bedeutung, vor allem, wenn wir ihn zu »Wir sind, was wir konsumieren« ändern, damit er universeller anwendbar ist.

Aus jeder einzelnen Erfahrung können wir eine schier grenzenlose Zahl an Prinzipien ableiten. Das, worum es gerade ging, war nur ein Beispiel.

Durch unsere geänderte Ernährung können wir außerdem erkennen, dass der Input mit dem Output zusammenhängt. Wenn wir uns nur darauf konzentrieren, den Output zu beeinflussen, ohne den Input zu verändern, so ist das dasselbe, wie wenn man ein Symptom behandelt statt dessen Ursache.

Es wäre schwierig abzunehmen, indem man ausschließlich versucht, mehr Sport zu treiben, statt sich zudem mit dem Input zu beschäftigen, der überhaupt erst zu dem vorhandenen Übergewicht geführt hat. Wenn wir abnehmen wollen, ohne unsere Ernährung zu ändern, sind unsere sportlichen Anstrengungen vergeblich.

Das Hauptprinzip, auf das ich hinauswill, lautet: Wenn wir in einem Lebensbereich eine positive Veränderung erfahren, sollten wir nach Möglichkeiten suchen, sie auf andere Bereiche anzuwenden, die wir verbessern wollen.

Mit dem Thema dieses Buchs haben die obigen Beispiele zu tun, weil in jedem Fall Grenzen gesetzt wurden und das eine lebensverändernde Wirkung hatte.

Bei der geänderten Ernährung haben wir

eine Grenze für das geschaffen, was wir unserem Körper nicht mehr zuführen wollen, weil wir uns sonst nicht wohlfühlen. Bei dem zweiten Beispiel haben wir aus demselben Grund eine Grenze für die Medien gesetzt, die wir konsumieren.

Um die wahre Kraft und das ganze Potenzial jeder Veränderung zu erleben, die Sie vornehmen, müssen Sie nur nach der *universellen Anwendung* dessen Ausschau halten, was Sie gelernt haben. Wenn Sie das tun, können Sie sich unbegrenzt verwandeln und entwickeln, und damit beginnt die Reise zu dem Ziel, das eigene Leben ganzheitlich zu meistern.

Übung: Potenzielle Bereiche Ihres Lebens, in denen Sie Grenzen schaffen können

- Denken
- Emotionalität und Spiritualität
- Körper

- Liebe und Partnerschaft
- Familie
- Soziale Beziehungen
- Arbeit/Beruf
- Finanzen
- Freizeit/Kreativität/Hobbys/Erholung

Fangen Sie damit an, eine einzelne Grenze in einem einzelnen Lebensbereich anzuwenden, bis daraus eine Gewohnheit geworden ist.

Wenn man gleichzeitig zu viele Grenzen setzt, ist es erheblich schwieriger, sie aufrechtzuerhalten. Eine langfristige Verwandlung wird am besten erreicht, indem man klein anfängt, aus jeweils einer Grenze eine Gewohnheit entwickelt und dann zur nächsten übergeht.

Sie sind bereit, zur nächsten Grenze weiterzugehen, sobald Sie spüren, dass die aktuelle Grenze zu einem Teil von Ihnen geworden ist. Das heißt, Sie müssen nicht mehr viel darüber nachdenken oder sich besonders anstrengen, sie aufrechtzuerhalten.

Vergessen Sie nicht, welche Kraft es hat, wenn sich Ihre Anstrengungen im Lauf der Zeit gegenseitig unterstützen.

Wenn Sie pro Monat jeweils nur eine einzige Grenze setzen, ergibt das am Ende eines Jahres zwölf Grenzen in verschiedenen Lebensbereichen. Es ist unmöglich, dass Ihr Leben sich dann nicht auf die bestmögliche Weise radikal verändert hat. Also ist nur eine einzige Grenze nötig, um Ihr Leben zu ändern.

7

Die wichtigste Grenze, die Sie setzen können

»Was du bereit bist hinzunehmen, ist genau das, was du bekommen wirst.«

Anonym

So nötig es ist, Grenzen zwischen uns und der Außenwelt zu schaffen – die wichtigsten Grenzen sind jene, die wir in unserer inneren Welt setzen, also in unserem Kopf.

In der Außenwelt stoßen wir täglich auf Hunderte von Umständen, aber das alles wird durch unser Denken gefiltert.

Unsere Emotionen entstehen nicht durch das, was mit uns geschieht. Wie wir uns fühlen, hängt davon ab, was wir über das, was geschieht, denken.

Wenn wir keine Grenzen für unser Denken gesetzt haben, fällt unser Kopf auf unsere Konditionierung und auf den Überlebensmodus zurück. Dadurch leiden wir emotional, weil wir ständig Angst haben und mit unserer Selbsterhaltung beschäftigt sind.

Überlässt man den Kopf sich selbst, sucht er in der Umgebung nach jeder möglichen

Bedrohung, er beurteilt alles, worauf er stößt, er macht sich Sorgen um die Zukunft, bedauert die Vergangenheit und versetzt uns in einen permanenten Stresszustand.

Diese unaufhörliche Beurteilung und das negative Geplapper in unserem Kopf sind die Wurzel unseres Leidens.

Das ist jedoch nur ein Aspekt der Angelegenheit, und Sie haben immer die Macht, eine Geschichte zu verändern oder – noch besser – sie ganz loszulassen. Anders gesagt, müssen Sie nicht wieder und wieder dasselbe Kapitel durchleben. Indem Sie eine Grenze setzen, können Sie ein Kapitel Ihres Lebens abschließen und mit einem neuen anfangen.

Wir sind immer nur
einen Gedanken, eine
Entscheidung, eine
Grenze davon
entfernt, eine
völlig neue
Lebenserfahrung
zu machen.

Wie würden Sie sich ohne die negative Stimme in Ihrem Kopf wohl fühlen? Wie würde Ihr Leben aussehen? Wie viel mehr Frieden, Liebe und Freude würden Sie erfahren?

Wenn der Kopf frei von negativem Denken ist, entsteht Raum für ein Leben voller Frieden.

Sobald Sie entscheiden, dass Sie sich nicht mehr erlauben werden, negativ zu denken, werden die emotionalen Auswirkungen von solchem Denken erheblich reduziert oder sogar ganz beseitigt.

Wir denken nur deshalb immer weiter negativ und machen uns Sorgen, weil wir glauben, das hätte irgendeinen Nutzen, aber wie oft hat es Ihnen Frieden und Freude gebracht?

Indem Sie sich diesen schwierigen Fragen stellen, können Sie die Wahrheit entdecken, weshalb Ihr aktuelles Verhalten nicht mehr nützlich für Sie ist. Anschließend können Sie es loslassen, um Raum für neue Verhaltensweisen zu schaffen, die einen Nutzen haben.

Den destruktiven Kreislauf des negativen Denkens durchbricht man, indem man sich klarmacht, dass es nichts Gutes bringt und uns nur die Gelassenheit raubt.

Jedes Mal, wenn Ihnen ein negativer Gedanke in den Sinn kommt, haben Sie die Wahl, den emotionalen Schmerz entweder zu verlängern oder ihn über Bord zu werfen, weil Sie nicht mehr leiden wollen.

Diese Grenze, die Sie im eigenen Denken setzen, wird eine der wirkungsvollsten Entscheidungen sein, die Sie treffen können, um Frieden, Glück und Erfüllung zu finden.

Wie Sie üben können, Ihre Grenzen gegen negative Gedanken zu verteidigen

Eine Grenze aufrechtzuerhalten, ist nicht immer leicht, aber es ist einfach. Verwechseln Sie Einfachheit nicht mit mangelnder

Wirksamkeit. Oft besteht ein direkter Zusammenhang zwischen Einfachheit und Wirksamkeit.

Um eine Grenze aufrechtzuerhalten, müssen Sie nur im jeweiligen Moment die Entscheidung treffen, den negativen Gedanken, die Ihnen in den Sinn kommen, keine Zeit, Energie und Aufmerksamkeit mehr zu widmen.

Alles, worauf wir uns konzentrieren, dehnt sich aus. Wo Energie strömt, wachsen die Dinge. Wenn Sie negativen Gedanken weiterhin Aufmerksamkeit schenken, verstärken diese sich nur. Beschließen Sie jedoch, diesen Gedanken keine Energie (und damit Lebenskraft) mehr zuzuführen, nimmt ihre Intensität ab und sie können wesentlich leichter einfach durch Sie hindurchströmen.

Wenn negative Gedanken also auftauchen, erkennen Sie sie einfach als das, was sie sind, machen sich jedoch klar, dass Sie sich nicht damit beschäftigen oder daran glauben müssen.

Es ist hilfreich, ein paarmal tief durchzuatmen, standhaft zu bleiben und sich daran zu erinnern, dass Sie nicht negativ denken werden, weil daraus nichts Gutes entsteht und es nur zu emotionalem Leiden führt. Das schafft naturgemäß Raum in Ihrem Kopf, und dieser Raum enthält unendliche Möglichkeiten für das, was Sie sich im Leben wünschen.

A-F-E-S: vier Schritte, wenn negative Gedanken auftauchen

A – Atmen: Atmen Sie fünfmal tief in den Bauch hinein, um das Nervensystem zu beruhigen und sich in der Gegenwart zu zentrieren.

F – Fragen: Fragen Sie sich: »Sind diese negativen Gedanken nützlich?« Wenn nicht, lassen Sie sie los.

E – Erinnern: Erinnern Sie sich: »Negatives Denken ist die Wurzel von emotionalem Leiden.« Sagen Sie sich das vor.

S – Spüren: Spüren Sie die Emotion, die Sie gerade erleben, ohne sie zu beurteilen oder zu kommentieren (nicht denken, nur fühlen).

Wiederholen Sie diesen Prozess, bis Sie Ihr Nervensystem beruhigt haben und das negative Denken sich verflüchtigt hat.

Sie können sich vorstellen, dass Sie das negative Denken damit aus Ihrem System vertreiben.

Wenn unsere Emotionen nicht durch negatives Denken aufrechterhalten werden, braucht unser Körper etwa neunzig Sekunden, um die vorhandenen Emotionen zu verarbeiten und zu regulieren. Wenn Sie die entsprechende Grenze setzen, kann es also so lange dauern, bis die negativen Gedanken und die damit verbundenen Gefühle vorübergehen.

Kommen Sie das nächste Mal, wenn Sie mit negativen Gedanken konfrontiert sind, auf diesen Prozess zurück und wiederholen Sie ihn, bis Sie ruhig sind. Wenn Sie das üben, wird es zur Gewohnheit und schließlich zu einer selbstverständlichen Art zu sein werden.

Denken Sie daran:
Alles, worauf wir uns konzentrieren,
dehnt sich aus.
Wo Energie strömt,
wachsen die Dinge.

8

Grenzen fördern Kreativität: wie alle Elemente des Lebens verfügbar werden

Wenn wir uns Ziele setzen, verfallen wir gern in die Denkweise, wir müssten sie um jeden Preis erreichen. Oft führt das zu einem Ungleichgewicht im Leben, weil wir alles – auch uns selbst – dem Erreichen des Ziels opfern.

Das heißt, wir stellen Produktivität und Leistung in den Vordergrund, aber auf Kosten von uns selbst. Wir füllen unseren Tagesablauf mit Aufgaben und Pflichten, lassen jedoch keinen Raum für Freude und Glück. Wir lassen uns so sehr von der Vorstellung vereinnahmen, wir müssten etwas erreichen, dass wir vergessen, wer wir sind und was uns wirklich wichtig ist.

Problematisch an dieser Haltung ist, dass sie oft zu Burn-out, Frustration und einem Gefühl der Leere führt, sobald das gesetzte Ziel erreicht ist.

Stimmt es wirklich, dass wir nur *entweder* alle unsere Ziele erreichen *oder* Zeit für Hobbys und für alles andere haben können, was wir lieben? Ist es wahr, dass wir nur *entweder* unsere beruflichen Ambitionen verwirklichen *oder* Zeit mit unserer Familie verbringen können?

Meist nehmen wir an, wir könnten nur das eine oder das andere haben, obwohl es möglich ist, beides zu bekommen.

Wir leben nicht in einer Welt des *Entweder-oder*, sondern in einer Welt des *Und.*

Daher können Sie alle Ihre Ziele erreichen *und* Zeit für das haben, was Sie lieben. Sie können Ihre beruflichen Ambitionen verwirklichen *und* Zeit mit Ihrer Familie verbringen. Wir leben in einer Welt, in der Sie tun können, was Sie lieben, *und* zugleich Ihren Lebensunterhalt verdienen können.

Ohne Vertrauen ist kein Raum dafür vorhanden, dass Ihnen neue Gedanken in den Kopf kommen, und dann werden Sie weiter tun, was Sie immer getan haben, und daher bekommen, was Sie immer bekommen haben.

Sobald Sie jedoch darauf vertrauen, dass Ihnen alle Elemente des Lebens verfügbar sind, öffnen Sie die Tür für neue Ideen, die das, was Sie wollen, zur Wirklichkeit werden lassen.

Wie man Grenzen für ein Leben schafft, in dem alle Elemente des Daseins verfügbar sind

Statt alles zu opfern, um ein beliebiges äußeres Ziel zu erreichen, das uns wahrscheinlich keine Erfüllung verschafft, ist es besser und nachhaltiger, Grenzen oder Einschränkungen zu schaffen, um die eigenen Ziele zu erreichen und trotzdem alle anderen Elemente des Lebens zu genießen.

Es gibt nie nur eine einzige Methode, etwas zu tun, oder auch nur eine »richtige« Verfahrensweise. Ganz besonders gilt das dafür, Ziele zu entwerfen und zu erreichen.

Ein Beispiel: Wenn Ihr Ziel darin besteht,

mehr Geld zu verdienen, sollten Sie sich nicht anstrengen, das um jeden Preis zu erreichen. Stattdessen schaffen Sie eine Grenze, mit der das Ziel erreichbar ist, indem Sie weniger arbeiten.

Auch wenn wir vielleicht gerne mehr Geld verdienen wollen, wollen wir dafür wahrscheinlich nicht an allen sieben Wochentagen vierzehn Stunden arbeiten und unsere Familie, unser Glück und unsere Gesundheit opfern.

Indem wir die Grenze schaffen, weniger zu arbeiten, sind wir gezwungen, anders zu denken und kreativere Möglichkeiten für unser Ziel zu entwickeln. Dadurch fallen uns neue Alternativen ein, die uns vorher nie in den Sinn gekommen sind. Grenzen sind das Tor zu Kreativität und helfen uns dabei, Raum für ein ausgewogeneres Leben zu schaffen, in dem wir das Beste aller möglichen Welten bekommen können.

Wenn Sie wissen, welche Grenzen Sie gemeinsam mit Ihren Zielen schaffen müssen, hilft das Ihnen dabei, tief darüber nachzudenken, was Ihnen im Leben wahre Erfüllung und Freude verschafft.

Was führt dazu, dass Sie sich offen und lebendig fühlen? Ist es das, was Sie momentan tun?

Wenn wir uns Ziele setzen, glauben wir, wir würden glücklich sein, sobald wir sie erreichen. Aber wie viele Ziele haben Sie im Leben erreicht, die Ihnen mehr als ein paar Tage lang ein Gefühl der Freude verschafft haben?

Meist sind wir rasch wieder unbefriedigt und gehen zum nächsten Ziel über. Das verfolgen wir dann hektisch, um ein weiteres flüchtiges Gefühl der Befriedigung zu erleben, das eine geringere Lebensdauer hat als ein Lufterfrischer fürs Auto.

So muss es jedoch nicht sein. Es ist absolut möglich, in diesem Augenblick glücklich zu sein und unsere Freude nicht für die Illusion eines Ziels aufzuschieben, das uns nach dem Erreichen nur ein leeres Glück verspricht.

Tun können Sie das, indem Sie Grenzen um Ihre Ziele ziehen und dadurch bei dem, was Sie tun, Ihre Freude mitberücksichtigen können.

Denken Sie beim Setzen von Zielen daher darüber nach, was Ihnen in der Gegenwart ein Gefühl von Offenheit, Lebendigkeit und Erfüllung schenken würde.

Welche Grenzen oder Kriterien ermöglichen es Ihnen, jetzt gleich ein Leben zu erschaffen, das Sie lieben?

Hilfreich beim Beantworten dieser Frage ist es eventuell, wenn Sie den Prozess umkehren und darüber nachdenken, was Ihnen momentan Energie und Freude raubt. Aus dieser Perspektive können Sie dann ein Leben entwerfen, wie Sie es führen wollen.

Wollen Sie mehr Zeit mit Ihrer Familie verbringen? Wollen Sie beruflich tun, was Sie lieben? Wollen Sie ein Geschäft oder eine Firma gründen? Wollen Sie mehr Zeit dafür, Ihre Hobbys zu genießen? Wollen Sie mehr Geld verdienen – und wollen Sie dafür mehr oder weniger arbeiten?

Würde mehr Geld Sie wirklich glücklicher machen? Nehmen wir an, Sie verdienen doppelt so viel wie jetzt. Wären Sie dann doppelt so glücklich? Was würden Sie mit dem Geld anfangen? Würde Ihnen das wahres Glück und echte Erfüllung verschaffen? Wodurch würden Sie sich wirklich erfüllt fühlen?

Was würden Sie tun oder erschaffen, wenn Sie mehr Zeit hätten? Könnten Sie damit womöglich schon in kleinem Maßstab jetzt gleich anfangen? Welche Ideen haben Sie, wie Sie das tun könnten?

Wenn es darum geht, Ihr Leben zu entwerfen, gibt es keine falschen Antworten und keine »richtige« Methode. Dennoch ist es wichtig, dass Sie sich diese schweren Fragen stellen, damit Sie herausbekommen, was Sie wirklich wollen. Das kann Ihnen niemand anderes sagen.

Um ein Leben zu erschaffen, das Sie lieben, müssen Sie sich zuerst kennenlernen.

Wenn Sie das Gefühl haben, dass etwas in Ihrem Leben fehlt, so liegt das wahrscheinlich daran, dass es Ihnen an einer Grenze mangelt, die Raum für das schafft, was Sie wollen. Nutzen Sie dieses Gefühl als Auslöser, sich zu fragen, welche momentan nicht vorhandene Grenze das Leben unterstützen würde, das Sie sich wünschen, und treffen Sie dann die Entscheidung, diese Grenze zu setzen.

Ziehen Sie Grenzen um Ihre Ziele, damit Sie bei dem, was Sie tun, Ihre Freude mitberücksichtigen können.

9

Loslassen und neue Grenzen erschaffen

»Mit das Mutigste, was wir tun können, ist es, Nein zu sagen und Grenzen zu setzen, obwohl wir unser Leben lang davon überzeugt waren, wir müssten es anderen recht machen, um geliebt zu werden.«

Xavier Dagba

Nichts auf dieser Welt ist absolut. Konstant ist nur die Veränderung. Was nicht wächst und sich entwickelt, stirbt. Wir wachsen und verändern uns also ständig, doch wenn unsere Grenzen das nicht ebenfalls tun, werden wir von demselben Mechanismus eingeschränkt, der uns dorthin gebracht hat, wo wir uns bereits befinden.

So befreiend Grenzen auch wirken, sie können uns auch leicht einschränken, wenn wir uns dessen nicht bewusst sind.

Nehmen wir beispielsweise an, wir haben die Grenze gesetzt, dass wir nur einmal im Monat mit Familienmitgliedern oder Menschen aus unserem Freundeskreis abends etwas unternehmen, weil wir uns auf unsere Heilung konzentrieren wollen. Sobald diese Heilung jedoch erhebliche Fortschritte gemacht hat, würden wir vielleicht gern die Verbindung mit anderen vertiefen, und dann hindert uns die selbst gesetzte Grenze an unserer Entwicklung.

Während wir uns entwickeln, verändern sich unsere Prioritäten und Wünsche. Zum Beispiel haben wir uns bisher vielleicht intensiv auf unseren Beruf konzentriert und daher bestimmte Grenzen gesetzt. Nun haben wir aber gerade eine Familie gegründet, weshalb unsere Prioritäten sich geändert haben, und dann müssen unsere Grenzen diese Entwicklung unterstützen.

Es ist in Ordnung, Grenzen loszulassen und neue zu schaffen. Das ist ein natürlicher Lebensprozess.

Wenn wir uns so verhalten, macht uns das nicht launisch oder undiszipliniert. Vielmehr gewinnen wir an Bewusstsein und nehmen wahr, was unser wahres Selbst und die sich ständig verändernde Wirklichkeit des Lebens sind. Dadurch würdigen wir unsere Menschlichkeit.

Was uns hierhergeführt hat, führt uns

eventuell nirgendwo anders hin. Was uns einmal genützt hat, nützt uns jetzt vielleicht nicht mehr. Das bedeutet nicht, dass irgendwelche unserer momentanen Grenzen falsch wären, sondern nur, dass wir aus den Schuhen, die wir bisher getragen haben, herausgewachsen sind.

Wenn Sie bewusst wahrnehmen, wie Ihre Bedürfnisse, Prioritäten und Intentionen sich entwickeln, können Sie das Alte loslassen und neue Grenzen da setzen, wo sie nötig sind, um in der Gegenwart das Leben zu schaffen, das Sie sich wünschen.

Lassen Sie die Grenzen los, die Ihr Wachstum einschränken, Ihnen Energie rauben oder Sie davon abhalten, Ihr wahres Selbst zum Ausdruck zu bringen.

Setzen Sie dann neue Grenzen, die Ihre Entwicklung unterstützen und dazu führen, dass Sie sich lebendig und im Einklang mit sich selbst fühlen.

*»Wenn ich loslasse,
wer ich bin, werde ich
zu dem, der ich sein
könnte.«*

Laozi

Schlussbemerkung

Dies ist zwar das Ende dieses Buchs, aber der Anfang eines neuen Lebens für Sie. Nichts wird sich verändern, wenn Sie das nicht aktiv tun.

Fassen Sie den Entschluss, dass dies das Wichtigste ist, was Sie für Ihren Frieden und Ihre Freude tun können, und dass Sie nicht mehr so leiden wollen wie bisher.

Die wirkungsvollste Grenze, die Sie am stärksten verwandeln wird, besteht darin, nicht mehr negativ zu denken.

Setzen Sie sich gleich jetzt diese Grenze, und konzentrieren Sie sich mindestens einen Monat darauf. Versprechen Sie sich, diese Grenze aufrechtzuerhalten, und nehmen Sie intensiv wahr, wie Sie sich in der kommenden Woche fühlen. Innerhalb weniger Tage werden Sie ein ganz neues Gefühl und eine neue Lebenserfahrung registrieren.

Falls Sie sich schwertun, werfen Sie bitte noch einmal einen Blick auf die Kapitel, die auf Ihre aktuelle Situation zutreffen. Danke, dass Sie mir erlaubt haben, Sie ein Stück weit auf Ihrer Reise zu begleiten.

Ganz herzlich
Joseph

PS: Ich möchte Sie um einen kleinen Gefallen bitten. Falls Sie das Buch nützlich oder aufschlussreich gefunden haben, wäre es mir eine Ehre, wenn Sie sich sechzig Sekunden Zeit nehmen, um auf Amazon oder einer anderen Plattform eine Rezension zu hinterlassen.

Es wäre schön, wenn Sie Ihre Gedanken, Ihre Einsichten und Ihre Geschichte notieren. Die wenigen Worte, die Sie mitteilen, werden dazu beitragen, die Botschaft unter vielen anderen zu verbreiten, die nach denselben Antworten suchen wie Sie. Das hat das Potenzial, deren Leben zu verändern (denn wer liest vor dem Kauf keine solchen Rezensionen?).

Ich danke Ihnen von ganzem Herzen und wünsche Ihnen alle Liebe der Welt.

Kurze Zusammenfassung und nützliche Gedächtnisstützen

- Setzen Sie Ihre Grenzen und würdigen Sie sie. Die eigenen Grenzen zu würdigen, bedeutet, sich selbst zu würdigen.
- Unsere Grenzen sind ein Spiegel unserer Werte.
- Nein zu sagen, ist Selbstfürsorge.
- Sehen Sie es als normal an, Nein zu sagen, ohne sich schuldig zu fühlen.
- Unsere Emotionen entstehen nicht durch das, was mit uns geschieht, sondern dadurch, was wir darüber denken. Lassen Sie Ihre Gedanken los, um zu ändern, wie Sie sich fühlen.
- Begegnen Sie Widerständen und allem anderen im Leben mit Frieden und Liebe.

- Die Außenwelt reagiert darauf, wie wir uns im Innern fühlen.
- Grenzen wirken befreiend.
- Grenzen schaffen Raum für das, was wir uns für unser Leben wünschen.
- Ein friedliches Leben entsteht durch das Bewusstsein, dass wir es nicht allen recht machen können.
- Sie haben keine Kontrolle darüber, wie andere sich fühlen, aber Sie können deren Emotionen würdigen.
- Es liegt nicht in Ihrer Verantwortung zu ändern, wie andere sich fühlen. In Frieden zu leben, ist eine Entscheidung, die wir alle selbst treffen müssen.

*»Um zu wagen,
Grenzen zu setzen,
brauchen wir den
Mut, uns selbst zu
lieben, auch wenn wir
dabei riskieren,
andere zu
enttäuschen.«*

Brené Brown

- Um die wahre Kraft und das ganze Potenzial aller vorgenommenen Veränderungen zu erleben, müssen Sie nur nach der *universellen Anwendung* dessen suchen, was Sie gelernt haben.
- Grenzen zu setzen, ist kein egoistischer Akt, durch den Sie Ihre Bedürfnisse über die von anderen stellen, sondern ein Akt der achtsamen Liebe, mit dem Sie anerkennen, dass Ihre Bedürfnisse genauso wichtig sind wie jene Ihrer Umgebung.
- Von Menschen, die sich nicht genug lieben, um Grenzen zu setzen und ihnen Geltung zu verschaffen, können Sie nicht erwarten, dass sie *Ihre* Grenzen begreifen.
- Versuchen Sie, sich selbst zu verstehen, und akzeptieren Sie, von anderen missverstanden zu werden.
- Wenn Sie das Gefühl haben, dass etwas in Ihrem Leben fehlt, so liegt das wahr-

scheinlich daran, dass es Ihnen an einer Grenze mangelt, die Raum für das schafft, was Sie wollen. Nutzen Sie dieses Gefühl als Auslöser, sich zu fragen, welche momentan nicht vorhandene Grenze das Leben unterstützt, das Sie sich wünschen, und setzen Sie diese Grenze dann.

- Lassen Sie die Grenzen los, die Ihr Wachstum einschränken, Ihnen Energie rauben oder Sie davon abhalten, Ihr wahres Selbst zum Ausdruck zu bringen.
- Setzen Sie dann neue Grenzen, die Ihre Entwicklung unterstützen und dazu führen, dass Sie sich lebendig und im Einklang mit sich selbst fühlen.

Leseprobe aus:

JOSEPH NGUYEN

HÖR AUF ZU GLAUBEN, WAS DU DENKST

Einleitung

Was Sie in diesem Buch entdecken werden und wie Sie beim Lesen am meisten profitieren

Dieses Buch soll Ihnen helfen, alles zu finden, wonach Sie gesucht haben, die Antworten auf alle Fragen, die Sie sich das ganze Leben über gestellt haben. Mir ist völlig klar, dass das eine ausgesprochen kühne Behauptung ist, aber Sie werden bald sehen, weshalb ich das mit so viel Zuversicht sage.

Nachdem Sie dieses Buch gelesen haben, werden Sie nicht mehr dieselbe Person sein wie vorher, das weiß ich in der Tiefe meiner Seele. Bestand hat allein die Veränderung. Wachstum ist ein unvermeidlicher Prozess des Lebens, weshalb es unmöglich für Sie sein wird, sich nach dem Lesen dieses Buchs nicht zu verändern.

»Wir können nicht ändern, was uns nicht bewusst ist, aber sobald wir bewusst sind, ändern wir uns unweigerlich.«
Sheryl Sandberg

Egal, wer Sie sind, woher Sie kommen, was Ihre Vorgeschichte ist, was Sie getan und nicht getan haben, welchen Status und welches Vermögen Sie haben oder nicht, ob Sie vom Mars sind oder nicht, Sie können im Leben vollkommenen Frieden, bedingungslose Liebe, vollständige Erfüllung und Freude in Hülle und Fülle finden. Ich verspreche Ihnen, dass Sie da keine Ausnahme darstellen, selbst wenn es Ihnen so vorkommen sollte. Liebe kennt keine Grenzen. Ein offener Geist und ein bereitwilliges Herz sind alles, was

Sie brauchen, um jede Antwort zu empfangen, nach der Sie je gesucht haben.

Wenn man begreift, was in diesem Buch steht, hat das zudem ganz praktische Folgen und Nebenwirkungen, die viele Menschen in meiner Coaching-Praxis erlebt haben. Einige Beispiele sind ein zwei- bis fünfmal höheres Einkommen, ein exponentielles Wachstum des eigenen Unternehmens, tiefere und harmonischere Beziehungen, die Überwindung von lebenslangen Süchten, das spontane Verschwinden von destruktiven Gewohnheiten, mehr Gesundheit, Vitalität und Energie. Begreift man die Prinzipien in diesem Buch, so ereignen sich solche Wunder in vielen Fällen täglich. Und das ist nur die Spitze des Eisbergs. Wenn ich nur einige der Verbesserungen und Ergebnisse aufführen würde, die durch dieses Verständnis erzielt wurden, wäre mehr als die Hälfte des Buchs mit Geschichten von Wundern gefüllt, die sich ständig ereignen.

Ich erwähne diese »äußeren« Ergebnisse nur ungern, weil sie nicht Zweck dieses Buchs sind.

Es sind physische Manifestationen als Nebenprodukt des von innen nach außen greifenden Verständnisses, wie unsere Lebenserfahrungen wirken. Tatsächlich streben wir nur deshalb nach Äußerlichkeiten wie Geld und Geltung, weil wir in uns bestimmte Gefühle wie Liebe, Freude, Frieden und Erfüllung empfinden wollen. Was wir wirklich im Leben wollen, sind Gefühle, nicht materielle Dinge, aber wir geraten gern in die Falle zu glauben, materielle Dinge würden uns solche Gefühle verschaffen. Das Geheimnis liegt also im Fühlen.

Durch dieses Buch werden Sie begreifen, wie Sie die Wahrheit entdecken können, über die Sie in Ihrem Innern bereits verfügen. Dabei werden Sie all jene Gefühle finden, nach denen Sie Ihr Leben lang gesucht haben.

Überlegen wir uns nun, wie Sie dieses Buch am besten nutzen können.

Lesen Sie es nicht, um Informationen zu erhalten, sondern um Einsichten zu gewinnen. Einsicht (oder Weisheit) finden wir nur in unserem

Innern, deshalb nennt man sie ja Einsicht (in sich hineinsehen). Um alles zu finden, was Sie im Leben suchen, müssen Sie in sich selbst hineinblicken und die Weisheit entdecken, die bereits in Ihnen vorhanden ist. Alle Antworten liegen tief in Ihrer Seele, und dieses Buch hilft Ihnen lediglich dabei, am richtigen Ort zu suchen. Ich bewundere all jene, die glauben, dass das, wonach sie suchen, noch immer irgendwo vorhanden ist. Das bedeutet, dass sie Hoffnung haben. Ohne Hoffnung besitzen wir nichts, daher ist die Tatsache, dass Sie jetzt dasitzen und dieses Buch lesen, ein Beweis für Ihr Vertrauen, Ihren Mut und Ihre Stärke. Ich weiß mit absoluter Gewissheit, dass Sie finden werden, wonach Sie suchen, wenn Sie Ihren Weg mit der Hoffnung, die Sie im Herzen tragen, weitergehen.

An diesem Punkt will ich klarstellen, dass dies natürlich nicht das einzige Buch ist, das Wahrheit enthält. Die Wahrheit liegt in uns allen und in allen Dingen. Wir müssen über die Form (das Physische) hinausblicken, um die Wahrheit (das

Spirituelle) zu sehen und zu erleben. Die Worte in diesem Buch sind nicht die Wahrheit, sie deuten nur darauf. Daher müssen Sie über die Worte hinausblicken, um mit eigenen Augen die Wahrheit zu sehen. Intellektuell kann man die Wahrheit nicht erfassen, sie kann nur erfahren werden. Die Wahrheit liegt in einem Gefühl, weshalb sie nicht mit Worten formuliert werden kann.

Wenn Sie die Wahrheit finden wollen, müssen Sie über die Worte hinausblicken und Ausschau nach einem Gefühl halten.

Viele, die die Wahrheit entdecken, beschreiben dieses Gefühl als vollkommenen Frieden, bedingungslose Liebe und ein überwältigendes Maß an Freude – und auch als das vertrauteste unvertraute Gefühl. Es ist, als wäre man endlich heimgekehrt. Suchen Sie daher nach diesem Gefühl in sich, dann wird Ihnen alles enthüllt werden. Ich werde in diesem Buch nichts sagen, was Sie nicht schon tief in Ihrer Seele wissen. Genau deshalb wird es ein vertrautes unvertrautes Gefühl sein, wenn Sie die Wahrheit erleben.

Versuchen Sie nicht, Ihren Intellekt zu nutzen, um es zu ergründen – das klappt nicht. Sobald Sie es intellektuell fassen, haben Sie es verfehlt. Die Wahrheit ergibt sich nicht dadurch, dass man ein oder zwei Sätze auswendig lernt. Das kann schon ein Kind, aber die Wahrheit wird es nicht begreifen. Die Wahrheit kommt in Form eines Gefühls. Aus diesem Gefühl tauchen die Weisheit und die Wahrheit auf, die wir suchen und die uns befreien werden. Und danach streben wir doch letztlich alle, nicht wahr?

Was ich Ihnen in diesem Buch zeigen werde, wird Ihnen ganz einfach vorkommen. Es wird beinahe zu einfach sein, weshalb Ihr Gehirn (das Ego) versuchen wird, dagegen anzukämpfen oder es komplexer zu machen. Es wird denken, dass es doch nicht so einfach sein könne. Falls es dazu kommt, erinnern Sie sich bitte daran, dass die Wahrheit immer einfach ist. Was komplex ist, kann immer in kleinere Elemente zerlegt werden. Die Wahrheit kann man jedoch nicht in kleinere Bestandteile aufspalten, und genau das zeichnet sie aus. Deshalb ist die Wahrheit immer einfach. Wenn Sie die Wahrheit finden wollen, müssen Sie Ausschau nach Einfachheit halten.

Wenden Sie sich diesem Buch mit offenem Geist und der reinen Absicht im Herzen zu, die Wahrheit zu erfahren. Dann werden Sie alles empfangen, wonach Sie gesucht haben.

Bevor wir weitergehen, will ich mir einen Moment Zeit nehmen, Ihnen meine tiefste Dankbarkeit dafür auszudrücken, dass Sie da sind und dass Sie Ihre Zeit und Aufmerksamkeit mit mir teilen. Diese Dinge gehören zu den wertvollsten Lebenskräften, die wir einander schenken können, und daher danke ich Ihnen für dieses Geschenk, das Sie zugleich sich selbst machen. Vergessen Sie nie Ihre eigene Göttlichkeit, denn nur durch unsere Göttlichkeit besitzen wir unsere Menschlichkeit.

Mit Liebe und Licht
Joseph